90分でわかる
ハイデガー

ポール・ストラザーン 著
浅見昇吾 訳

Heidegger
in
90 minutes

Paul Strathern

WAVE出版

90分でわかるハイデガー

ポール・ストラザーン 著
浅見昇吾 訳

90分でわかるハイデガー
ポール・ストラザーン

目次

編集協力 — 花風社

装丁 — 松田行正＋日向麻梨子（マツダオフィス）

カバーイラスト — 杉本聖士（マツダオフィス）

DTP — NOAH

校正 — 小倉優子

ハイデガー——思想の背景

二〇世紀においてハイデガーほど、論争の的となった哲学者はいない。

二〇世紀の前半、哲学の流れはかつてないほど分裂していた。やがて、それは二つの流れへと収斂《しゅうれん》されていくが、お互いに対話が不可能なことも明らかになっていく。双方の立場は相容れないものだった。

一方が他方をまったくのナンセンスと断じれば、批判されたほうも相手を哲学の本質を見誤っていると切り返す。両者を取りなすなど、どう見ても不可能だった。

一方にあるのが言語分析の哲学。ヴィトゲンシュタインに多くを負う立場で、その名称が示すように、言葉を厳格に用いることを求める。言葉の誤った使用から哲学的な問題が生じるという。本来使用が許されない文脈《コンテクスト》で言葉が使われると、哲学的な問題という結び目ができてしまう。適切な分析を行い、結び目がほどければ、哲学的問題など消えてなくなる。そう主張する。

例を挙げよう。

「存在の意味とは何か?」

答えは簡単である。このようなことは問い得ない、ということになる。

なぜか?

「意味」という言葉を「存在」という言葉に適用することは、正しくないからである。

なぜ正しくないか?

「存在」が「意味」をもつためには、この「意味」が「存在」の彼方《かなた》に何らかの形で存在していなければならないだろう。が、何かが存在の外部に存在することなど不可能にちがいない。これは、赤くない何かが赤い色であることが不可能であることと同じである。

それゆえ、「存在の意味とは何か?」という問いには答えなどあり得ない。

もう一方の哲学の流れはハイデガーに由来するもので、言語分析の手法に真っ向から反対する。

この立場の根本的な問いはほかでもない。

「存在とは何か?」――これである。

この問いは、こう言いかえられる。

「存在するということは何を意味するのか?」

「存在の意味とは何か?」

ハイデガーや実存主義の伝統にとって、これらの問いを言語分析によって消し去るなど、あってはならない。こうした問いには、論理や理性では到達できない。論理や理性よりも深い領域に到達しないと、この問いに向かい合うことができない。われわれの存在こそが根本的なものであり、合理的な思考や言語の分析に先んじている。存在こそ、一人ひとりの生活にまず最初に「与えられているもの」にほかならないというのである。

存在についてのこのような問いに答えるためには、まったく新しい形の哲学が展開されねばならない。これこそ、ハイデガーが人生をかけて立ち向かった課題だった。

ハイデガー——生涯と作品

マルティン・ハイデガーは、一八八九年九月二六日に生まれている。

生誕の地は、南ドイツの山村メスキルヒ。スイスとの国境であるボーデン湖から一〇キロほど北にある田舎町。信仰心の厚い土地で、幾世紀にもわたり何の変化もないところであった。小規模農家や職人の人たちに囲まれてハイデガーは育っていく。

ハイデガーの父は樽職人であるとともに、地元のカソリック教会の雑務も行っていた。母は近隣の村の農民の娘だった。マルティンは幼い頃より宗教に関心を寄せている。司祭になるのはまちがいない。そう見えた。事実、高校を卒業すると、イエズス会に入る。また、教会の奨学金を元にフライブルク大学で神学を学ぶ。

だが、やがて気づくようになる。自分の主たる関心は哲学にある！

二年後、ハイデガーは専攻を哲学に変更する。これは勇気のある決断だろう。哲学を専攻すると、教会からの奨学金を失うことになるのだから。

とはいえ、大学の関係者の目にもすでに明らかになっていた。

ハイデガーの才能は並外れている！

そのため、大学はハイデガーに奨学金を与えることにする。この奨学金では十分ではなかったが、ハイデガーは家庭教師を行い、不足分を補っている。

では、大学生活はどうだったかといえば、大騒ぎの逸話など何もない。けんかの話も出てこない。普通の大学生なら、大騒ぎやけんかのエピソードはつきものであろう。しかし、若きハイデガーはちがう。精神的《スピリチュアル》で哲学的な問いに夢中になる。田舎から出てきた真面目な少年はフライブルクで近代的な都会の世界に出会い、不安になっていたのである。奥底から心が乱されていた。たしかに、フライブルクなど、辺鄙《へんぴ》な田舎の町と言えないこともない。けれども、隣接する黒い森《シュヴァルツヴァルト》には、世界中から絶え間なく洗練された旅行者が訪ねてくる。フライブルクの市民も学生も誇りに思っていた。自分たちは、ドイツを席巻《せっけん》する最新の知的流行や社会のトレンドの最前線にいる！

考えてみれば、一八九〇年代と一九〇〇年代、ドイツは工業大国へと変貌する過程にあった。驚くような変化のただなかにあったといえよう。一八七一年にドイツが再統一され、帝政がはじまったとき、人口の七〇パーセントが農業地域に住んでいた。これが、一九一〇年になると、四〇パーセントに下がる。古くからの伝統を紡《つむ》ぐドイツ、幼きハイデガーを囲んでいた古きドイツは、中世以来大きな変化を被らずに存続してきたが、一八九〇年代と一九〇〇年代になると、近代的な都市に相貌を変え、自動車と電気、重工業が盛んな都市へと変容していく。

そして哲学もまた同じような危機に直面していた。一九世紀の初頭からこの時期まで、ドイツには誇り《プライド》があった。ヨーロッパを代表する哲学者を輩出している！ カントやヘーゲルを生み出した！ 世界を説明し、世界のなかのすべてを説明し、人間のことまで説明する。そんなすべてを包括する形而上学的な体系をつくりあげてきたというのである。そうした体系は多くの点で、神に取って代わるものになっていく（「神は死んだ」と最初に宣言したのは、実はニーチェではなく、ヘーゲルだった）。

カントやヘーゲルの体系、世界がどのように動いているかについての視点を提供する体系——その基盤には形而上学がある。形而上学とは、自然の世界の経験からはとらえられない信念、自然世界を越えたところにある想定にほかならない

（形而上学《メタフィジックス》という言葉は語源からすれば、「自然学《フィジックス》を越えて《メタ》」という意味である）。

では、このような壮大で真剣きわまりない形而上学的な体系がどうなってしまったか？

形而上学の体系、カントやヘーゲルが構想したような体系は、このころ、終焉を迎えている。ショーペンハウアーの体系すら、人々の関心をひかなくなっていた。過度に膨張した体系的な哲学に鋭い針を刺し、体系を粉々に爆発させたのはニーチェだった。梅毒による狂気の炎に焼かれ一九〇〇年にスキャンダラスな死を迎える前に、機知に富んだ警句《エピグラム》で楽しそうに形而上学的な体系に致命的な一撃を与えている。ヘーゲルにとって「神は死んだ」は鋭い洞察力がもたらしたものだったが、ニーチェにとって神の死は自らの哲学全体の基盤になっていた。

このときから、哲学は支配的な地位を降り、科学に、そして科学的な心理学にその席を譲る（当時の別の移り変わりを思いだして欲しい。絵画が写真に取って代わられつつあった。ここにも類似のプロセスが見て取れる！）。

多くの人の目には、科学的な真理が哲学的な真理をすでに追い払いはじめていた。たとえば一九〇五年の時点で、アインシュタインが特殊相対性理論をつくっている。哲学をきわめて長い間悩ませていた問題、時間の問題が、時空連続体の四番目の次元に還元され、哲学は数学に姿を変えたことになる。

哲学に災難は続く。量子理論が台頭してくる。これもアインシュタインが一九〇五年に基本的な部分を記述しているが、光は粒子であると同時に波であるという。

言葉をかえよう。

光は固形の物体であると同時に、非物質的な運動であるという。

これでは、矛盾律が犯されてしまう。一つのものは何かであると同時にそれとは別ものであることはできない——この論理学の基本的なルールを科学的な現実が拒んでいるのである。哲学のすべての概念は論理学に基礎をおいていたのに、何ということだろうか。

しかしアインシュタインをはじめ多くの人間は、論理学から外れているようにみえるのは一時的で例外的なことにすぎないと考えた。事実、ほどなく解決策が見つかる。とはいえ、これは数学の手品のようなものにすぎない。巧妙な奇術がどうしても必要だったということにほかならない。数学にしても論理学に基づいているのはまちがいないのだから。

だが、この攻撃から論理学がかろうじて生き延びたにしても、別の脅威が論理学の前に立ちはだかる。心理学である。

「心理主義」と呼ばれるようになる立場では、論理は普遍的なルールに基づいているのではない。抽象的で反論の余地のない真理を生み出すのでもない。一八六五年の段階でイギリスの哲学者ジョン・スチュアート・ミルは宣言している。論理は「その理論的な基礎をすべて心理学に負っている」と。

心理学の真理がもともとは内省や個人的な経験から得られたものだとすれば、われわれの思考の基本となる公理は「経験から一般化されたもの」にすぎない。これが必然的な結論になる。

そのため、矛盾律は究極の真理ではなくなる。矛盾律とは、人間が物事を考える際のやり方にすぎない。論理学は、われわれの心理にその根をもっているにすぎないのだから。

ならば、哲学はどうなるのか？

われわれ自身や世界の真理を知ろうとするプロジェクトは、失敗することが必至なのだろうか？

二二歳のハイデガーが哲学に立ち向かおうとしたとき、心に誓っていた。神学では不十分だ。だから神学を乗り越えていこう。確実なるものを発見しよう。近代の都会的な技術世界がもたらす不安と不確実さ、人々を困惑させる不安と不確実さ、多様化する不安と不確実さ。これらすべてに耐えうる確固たる基盤を見いだそう。

けれども、哲学すら姿を変え、科学や近代的なるものと和解しようとしていた。哲学の流れすら、ハイデガーが求めていたものからは離れていく。精神性《スピリチュアリティ》の高みに昇っていく代わりに、地に這《は》いつくばるような現実的な実証主義に降りていく。

実証主義は、形而上学的な体系や形而上学の残滓《ざんし》を余すことなく哲学から消し去ろうとする。経験でわかること、科学的な実験、数学の証明するもの。こうした真理しか受け入れない。実証できるもの、実験的に証明できるものしか受け入れないと宣言する。

現代の哲学の流れのなかで、このような実証主義の流れに抗《あらが》う代表的なものこそ、現象学にほかならない。現象学を主導していた思想家は、ドイツのエドムント・フッサール。このフッサールの『論理学研究』をハイデガーは大学に入ってまもないころに図書館から借りだしている。

天啓だった！

『論理学研究』は、ハイデガーにとって啓示のようなものだった。ハイデガーは二年間本を借りだしている（ということは、他の誰も図書館からこの本を借りだそうとしなかったにちがいない）。ハイデガーは心を奪われ、「何度も何度もこの本を読んだ」。ハイデガーはこの本の外見にすら心を奪われている。「この作品から発せられる魔法のような魅力は文の構造や表紙のような外観にまで広がっている」

一九一三年、ハイデガーは大学を卒業すると、そのままフライブルク大学の大学院に進み、哲学の研究を続ける。

その一年後、ヨーロッパは世界大戦に突入する。

この第一次世界大戦は人々の心に重い傷を残すことになるものの、当初はほぼすべての土地で歓呼の嵐で迎えられた。連合国側も同盟国側も関係がない。どちらの陣営でも、幾千もの若者が志願兵として駆けつける。
最前線に向かうべく、隊列が鉄道の駅へと行進していくと、群衆から歓声とともに花が投げられていく。グラスゴーでもブダペストでも、サンクトペテルブルグでもローマでもこのような光景が繰り広げられていく。社会の階層を問わず、人生に空虚さを感じていた人々の多くが感情的な愛国心に人生の意味を見いだしたのである。

しかし、誰もが予想しなかったようなことになる。栄光などもたらさない戦争であることが明らかになっていく。近代的な兵器を前にしているのに、戦争がはじまって以来ずっと使われ続けてきたような戦術が用いられる。マシンガンを前にして、戦列が前進していき、膨大な数の兵士が命を落とす。怒りに震えながら塹壕《ざんごう》の泥沼のなかでじっと身を潜めていた軍隊に、毒ガスが襲いかかり、兵士たちは視力を失い、呼吸もできなくなる。銃後の市民たちはこのような事実を知らされないまま、今までの生活を続けていく。

「神と祖国」の確実性に鼓舞された時代、社会が階層化されていた時代、「平和と進歩と繁栄の世紀」が、かつてなかったような大虐殺のただなかで、息を引きとろうとしていたといえよう（ソンムの戦いの開戦の日、約六万人の戦死者が出ている。これは、四〇年後ヒロシマに最初の原爆が投下された時の惨状にたとえることができるほどのものだ。しかし、ソンムの戦いは一日で終わったわけではない。四カ月半も続く）。

ハイデガーも軍隊に招集されるが、心臓が弱いことがわかり、予備役兵にまわされる。そのため、フライブルクで郵便の検閲の仕事をすることになる。これは楽な仕事で、哲学に打ち込むことができた。

一九一五年、大学で教鞭を執りはじめる。辺境の森から出てきた二六歳の青年が大学の教員になり、輝かしいキャリアへの第一歩を踏み出す。将来への見通しは明るかった。ハイデガーは生真面目で「宗教的《スピリチュアル》」であったにしても、野心が強かった。

一九一六年になると、ハイデガーはエルフリーデ・ペトリと婚約する。プロシアの軍人の家系で育った独立心の強い女子学生で、経済学を学んでいた。婚約から三カ月後、二人は結婚する。

このころには、高名なフッサールがフライブルク大学に着任し、哲学の教授として活動している。ハイデガーはフッサールのアシスタントになる。

フッサールが主導していた現象学は、学者の世界の外に出ると、あまりその名を知られていないものだった。それでも、徐々には名が知られるようになっていく。新しい哲学の一つに留まるものではない！　そう見なされていく。多くの人間が感じ取っていた。ドイツの文化のただなかにある「精神的空白《スピリチュアルな》」――それをいつの日か埋めてくれる運動こそ、現象学にほかならない！

フッサールの現象学に対するハイデガーの理解は深く鋭かった。そのため、二人は急速に親しくなっていく。正教授たるフッサールは聡明なアシスタントをすぐに父親のような目で見始める。こいつは、おれの後継者になるかもしれない。急速に広がる現象学の運動の後継者になるかもしれない。

フッサールは深く確信していた。自分は「心理主義」に対する答えを見つけた。また、すべての「真理」を科学の「真理」に還元しようとする「実証主義」に対する答えも見つけた。重要なのは、心理主義や実証主義の主張を否定することではない。真正面から攻撃を加えることこそ肝心だ！

フッサールの分析では、心理主義的な見方も実証主義的な見方も、それぞれ固有の領域では正しいかもしれないが、突きつめていけば不適切なものにならざるを得ない。科学も心理学も実験に基づいている。ところが、実験にはいつでも不正確な部分が必ず残ってしまう。そこが論理学や数学とは異なる。論理学や数学の真理は厳密である。2＋2は厳密に4になる。4．00001になる可能性などない。百分の一のさらに千分の一、あるいはそれ以上の小さなレベルでの誤差もない。いつも確実、いつも正確である。

このことを光の速度のもっとも厳密な計測と比べてみるとよい。光の速度は今では百分の一のさらに百万分の一の誤差で測れるようになっている。また、光速を秒速一八万六〇〇〇マイルとして受け入れている。しかし、計測がどれほど厳密になっても、けっして完全に正確な値にたどり着くことはできないと知っている。この点でフッサールはアインシュタインに同意する。何しろ、アインシュタインはこう言っているのだから。

「数学の法則が現実に言及しているときには、その法則は確かでなくなる。その法則が確かなときには、現実に関しては何も言及していない」

フッサールにとって、数学の法則は理想的なものにほかならない。それらは、われわれが何を経験するかにかかわりのないものであり、経験に先立って《アプリオリに》存在している。2＋2は、それを経験する人間が存在しても存在しなくても、つねに4になる。こうした理想的で理念的な法則と、われわれが現実世界でとらえる現実の法則との間には、越えることのできない壁がある、というのである。

なるほど、このような理想的で理念的な法則も最初は経験的に知ることになる。それでも、数学や論理の法則は、われわれがそれらを経験するときにもつ

「感情」によって裏づけられるわけではない。われわれはその真理を直接的に観て取る。それが自明であることに即座に気づく。2＋2＝4というものを見ると、とにもかくにもそれが真理だと知るのである。

心理主義が正しいとすると、2＋2＝4に疑念の余地があることになるだろう。心理主義では、誰かが個人的に2＋2＝4と観て取ったことが根拠になる。だが、別の人は2＋2＝4ではなく、別のように観て取るかもしれない。そして別の形で見て取ったとしても、それを反駁《はんばく》する根拠を心理主義はもち合わせていない。

フッサールは幾何学の例を使っている。フッサールがすべての数学的知識のなかでもっとも確実で疑念の余地のない絶対的なものだと考えていたのが、幾何学だった。

フッサールの説明を聞こう。

幾何学の壮大な全体系は、「線」や「距離」や「点」などの基本的な概念からなる一つの基盤のうえに打ち立てられている。この「線」や「距離」や「点」などは、有史以前の実際のある日に、一人の個人が直接に観て取ったものにちがいない。生活の流れのただなかで、太古の一人の人間が突然「点」というものを直観的に観て取る。その後、別の人が「線」という概念を理解したのだろう。が、一度理解されると、「点」や「線」の概念は正確で否定しようのない意味をもつ。幾何学の残りはすべて、このような基本的な概念からの論理的な含意を解明し、引き出すことからなっているにすぎない。たとえば、線というものがわかっていて、線が一つ引かれていたとしよう。われわれは二つの線を引くことができることもすぐわかる。さらには三つの線も引ける。もしこれらの三つの線が一つの空間を囲むようにつながれたとすれば、三つの角をもつ図形が生じる。つまり、三角形ができあがる。これは必然的に正しい。ほかのようにはなり得ない。いつでも真実であったし、これからもそうありつづける。幾何学はこのような真理を「含みもつ」というのではない。そうした真理は「すでにそこに」あり、発見されるのを待っているにすぎない。幾何学の真理だけではない。数学のすべての真理も同じだ。論理学の真理も同じ。絶対的な知識と呼ばれるものはすべてそうなのである。それらは現実を越えたところに存在している。日常生活の不確かさ、不確実さの領域を越えたところにある。固有の領域に存在していることになる。つまり、「現前《プレゼンス》」というものがあり、そこに絶対的な真理が存在しているのである。「現前」という存在を否定するなら、「不在」や「非存在」ということになる。「現前」がその存在そのものによってすべての絶対的な真理を保証しているのだ。

フッサールの「現前」は、すべてを見通す、不可視の全能なる神にかなり似ている。全能なる神もその存在によってすべての真理を保証しているのだから。事実、フッサールは学者としてのキャリアを歩みはじめようとしたとき、こう宣言している。

自分の目的は「厳密に哲学的な研究によって神と真実なる生活への道を見つけること」にある。

とはいえ、哲学的な手段でこの道を見つけるためには、われわれにもっとも近しいもの、すなわち、われわれ自身、人間そのものの真理を扱う分野を研究しなければならない。だが、ここにも現実の不確かさと絶対的な真理の間に見られた断絶と同じようなものが立ちはだかる。フッサールの考えでは、人間についての本質的な研究、哲学の真実なる主題は、科学や心理学が到達できない彼方《かなた》にある。ここでフッサールの現象学は、「普遍的に真実なる」意識にあらわれる「絶対的な存在の哲学」を提唱する。ここここそ、哲学が由来するところにほかならないという。根本的な前提への要求すら、そして論理学で必要とする前提への要求すら、ここから派生するものにすぎない。ここにこそ、究極の哲学が存在する。究極の哲学がそれ自身で存在するという。

しかし、この「純粋で」「普遍的に真実なる」意識にどのようにしたらたどり着けるのだろうか。どう見ても、科学的な方法や論理学の方法では到達できない。フッサールは「還元」と呼ぶ現象学的なアプローチを提唱する。

では、還元とは何か?

意識に集中し、個々の事物を「括弧《かっこ》に入れ」、個々の事物への注意を排除することである。そうすれば、純粋な意識、「本質的で普遍的な心の構造」が残るという。

第一に「括弧に入れる」のは、現実になる。現実は現実的な対象からなっているが、こうした対象は意識の外にあり、科学的手段で研究すべきものになる。次に「括弧に入れ」なければならないのは、意識そのものの活動と対象である。意識の対象は、現実世界にある対象ではなく、現実世界を映し出しているものにほかならない。こうしたものは、記憶や知覚などの意識の活動によって意識のなかにあらわれるという。同じような意識の活動には、判断、分析、瞑想などがあるが、こうした活動も「括弧に入れる」ことができる。こうして最後に残るのは、意識そのもの、「純粋な」意識である。言いかえれば、すべてを一つにまとめる領域、われわれの自覚が生じる領域である。ここでわれわれは、〈自覚がわれわれに与えられているという意味で）「最初に与えられているもの」という「原初的で、一切の余剰物を含まない」真理を経験することになる。

このような経路で、「普遍的に真実であり」、かくして「絶対的な存在」の一部である「超越論的な自我」といわれるものにわれわれは気づくことになる。

ハイデガーは最初は、フッサールの分析を受け入れていた。しかし、ほどなく自らのアイデアを加えフッサールの考えに修正を加えはじめる。ハイデガー独自の哲学が芽生えはじめてきたといえるだろう。けれども、この時期はまだフッサールの現象学的なアプローチにかなり多くの部分を負っていた。

一九一八年、ハイデガーは招集され、ドイツ占領下の東フランスのセダン郊外で気象観測班にまわされる。このとき、連合国側の進撃の前に、ドイツ軍は崩壊しつつあった。

ハイデガーは実際の戦争に参加したわけではない。それでも、周囲で繰り広げられる歴史的な出来事に動揺する。皇帝が退位し、オランダに亡命する。ドイツが社会民主党の政権下で共和国体制をとる。ドイツが降伏する。矢継ぎ早に起こっていくさまざまな出来事がハイデガーの心の奥底に影響を及ぼしていく。さらに、敗戦国ドイツは屈辱を味わい、政治的な混沌《カオス》に直面する。北ドイツのいくつもの港で海軍の兵士が反乱を起こすかと思えば、ベルリンやミュンヘンでは騒乱が発生する。

ハイデガーは気づかざるを得なかった。戦争以前の生活のすべて、その文化、市民の自信は、永遠に過去のものになった。現象学を信じていたからだろうか。ハイデガーは自分には一つのものしか残されていないと感じる。「人格の力」あるいは「中心的な自我に帰属するという内在的な価値への信念」、それしか残っていないという。

ところが、逆説的なことに、ハイデガーは「生きている喜び」をどうしても感じてしまう。「精神と単に戯《たわむ》れるだけの」世界がようやく終わりを告げようとしている。このことに、ハイデガーは喜びを感じている。これから「精神の時代という新しい時代」がやってくる。ハイデガーはそう告げられているように思った。

ドイツには、ハイデガーと同じような感情に鼓舞された人は数多く存在した。だが、彼らはハイデガーとは異なる道を選ぶ。南ドイツのバイエルンは、レーニン率いるロシアのボリシェヴィキを真似、社会主義政権を樹立し、独立を宣言する。ベルリンに目を転じれば、スパルタクス団が反乱を起こし、同じように「赤い共和国」を樹立しようと目指していた。どちらも、右翼の「義勇軍」によってすぐに壊滅させられる。赤色テロが白色テロに席を譲る。その間も、連合国の封鎖が続いていたため、多くの人が飢えるようになる。

一九一九年、さまざまな絶望的状況のなか、ハイデガーは神への信仰を失う。用心深くハイデガーはこのことをフッサールには告げなかったが、ハイデガーの哲学はフッサールの構想した現象学と袂《たもと》を分かちはじめる。

ハイデガーはもはやフッサールの哲学の経験を越え出た部分、超越論的な側面を受け入れることができなかった。超越論的な自我など、「幻想」ではないか。ハイデガーはそう考えはじめる。哲学にふさわしいのは、「世界を経験する主体」の活動であって、「ひたすら理論的に世界を考えていく血の通わない思考」などではないという。絶対的存在など、ハイデガーの現象学的な営みの目的でなくなったのである。

ただし、気をつけなければならない。ハイデガーが信仰を失ったといっても、単純な無神論の考え方に変わったわけではない。ハイデガーのものの見方は、相変わらず、深く精神的《スピリチュアル》であった。これはハイデガーを特徴づける性格だといってよい。この後も消えることはなかった。

神への信仰を失いながらも、精神的で宗教的――このズレをハイデガーは当初、「神なき時代」に宗教がまとう形態こそ自分の哲学だと見なすことで、克服しようとした。ハイデガーの哲学の中心には、もはや絶対的存在などない。「存在」そのものの研究に、自らの研究の焦点をあてていく。

「存在とは何か？」

これこそ、ハイデガーの哲学の中心的な問いになる。

この問いと類似しているが、ほかの問い方をすれば、存在を問う別の可能性も開かれる。

「『である』や『がある』とは何か?」

「自分自身の存在について私が考えるときに、厳密に言って私は何を発見するのか?」

「存在するとは何を意味するか?」

意味は陰影に富む。意味の違いは微妙で移ろいやすい。

フッサールの純粋な意識を排除し、代わりに存在が出てきたわけだが、アプローチの仕方はかなり似ている。ハイデガーが考えようとしている存在には、フッサールの「括弧に入れられた」意識と同様、行為も対象も欠けている。ハイデガーの存在は、すべての根源にほかならない。科学も越えたところにある根源、心理学で手に届かないところにある根源、論理ですら到達できない根源、すべての個別的なもの、特殊なものの彼方《かなた》にある根源――それが存在なのである。

ハイデガーの構想はいにしえの魂の考えを彷彿させる。そう批判する者も少なくない。ハイデガーは当初、こうした「勝手な誤解」を馬鹿にしていた。存在は、魂以上のものであると同時に魂以下のものであるという。存在は、現実の存在者に根をおろしている。が、存在は個別的なものではない。フッサールの「純粋な意識」のように、個別的なものを越え出て、普遍的な様相を帯びている。魂は現実的な存在を越え出ているが、存在は現実的な存在である。

こうした種々諸々の反論にもかかわらず、ハイデガーの構想する「存在」は折に触れて、かつて魂に付与されていた多くの特徴をまとう。また、ハイデガーの哲学が精神的《スピリチュアル》な側面を強めるにつれて、ますます神なき宗教の姿をまとうようになっていく。

ここでハイデガーは哲学の歴史に目を向け、哲学の歴史のなかに「存在の歴史」を識別していく。だが、「存在の歴史」は進歩の歴史ではなかった。進歩どころか、思わず存在を喪失していってしまう歩みとなっている。

いにしえのもっとも初期のギリシアの哲学者たち、ソクラテス以前の哲学者たちは、存在の問いについて深い思索をめぐらせていた。彼らの思考は、万物の基礎にあるこの根本的な概念の奥深くにまで到達している。

ところが、ソクラテス、プラトン、アリストテレスが登場し、深遠で統合的な哲学的洞察を台無しにする。ソクラテス、プラトン、アリストテレスの影響で、哲学的な思考はいくつものバラバラの実体に分裂していく。存在という概念を説き明かそうとする努力が、自然科学、政治学、倫理学、詩学等々の単純でバラバラな分析に席を譲っていく。やがて哲学の中核がとらえどころのない形而上学というものに還元されてしまう。

ソクラテスはわれわれは何も知らないと主張する。プラトンにとって究極の現実《リアリティ》はイデアだった。アリストテレスになると、自然をいくつもの性質、いくつもの元素に分類するようになる。その結果、存在という統合的な概念が見失われてしまう。そして、幾世紀にもわたって、このもっとも根本的な概念の理解が曖昧になっていく。「存在の忘却」が徐々に起こっていく。そして「存在」、「ある」というう概念の価値が完全に失われていく。かつてはすべての哲学の根底にあったものが、文法上の小さな役割を果たすだけのものに還元されてしまう。存在はその繊細さと深淵さが忘れ去られ、単に主語と述語をつなぐ言葉《コプラ》「である」に退化してしまう。深遠な神秘《ミステリー》であるはずのものが、一つの文のなかの言葉と言葉を結びつける糊《のり》のようなものに成りはててしまうのである。

そこでハイデガーは「ある」という言葉に深い神秘《ミステリー》を甦らせようとする。この際、フッサールが純粋な意識を発見したときと類似の方法を使おうとする。主語と述語をつなぐ言葉たる「ある」の個別的な意味をすべて捨象《しゃしょう》すれば、存在の神秘と向き合えるという。

西洋の哲学は存在を忘れることで、存在の意味をほとんど自覚しない軽薄な存在へと人間を貶《おと》めてしまった。存在という概念全体のうちに本来備わっているさまざまな特性を忘れてしまう。自らの存在が何を意味するか。このことについて本質的な自覚を何も持ち合わせていないまま、近代の人間は生活を送っているにすぎない。自らが「存在していること」はその遠さも広がりもすべて失っている。科学的知識と技術的知識の寄せ集めのなかで、人間の「存在していること」についての知識が蒸発してしまう。科学的知識と技術的知識など、本来は「知識」の名にまったく値しないものなのに……。単純な「ノウハウ」にすぎないのに……。

こうして人間の存在そのものが人間自身に失われていく。西洋の哲学は幾世紀にもわたり、もっとも根本的な自らについての経験を失わせるように人間を仕向けたといえよう。この「存在の忘却」が行き着く先こそ、ニヒリズムであり、技術《テクノロジー》に支配された世界である。存在について考える代わりに、思考の営みはもっぱら論理や科学や技術に、そして血の通わない哲学、ソクラテス以降の存在を忘れた哲学に還元されてしまう。やがて科学の時代という奈落にまで達する。だが、「科学は考えない」。

しかし、ここで何が問題になっているのだろうか。

ある、ということはそれが何であるかということとは別のことなのだろうか？存在しているとは、存在しているものであるということ以上の何かなのだろうか？

興味深いことに、ハイデガーと同じ時代を生きたヴィトゲンシュタインも同じような洞察にたどり着いている。ヴィトゲンシュタインはこう主張しているのである。

「神秘的なのは、世界がいかにあるのかではない。世界が存在するということである」

けれども、ヴィトゲンシュタインはそう言いながらも、こうした事柄については沈黙を守ることを選ぶ。ヴィトゲンシュタインの考えでは、このようなことはわれわれが知っている言語では語り得ないものにほかならない。

驚いたことに、ハイデガーはこのアプローチに同意する。ただし、ハイデガー流のアプローチをとる。現状の言語ではそのようなことは語り得ない。これはまちがいない、とハイデガーも考える。しかし、ここからハイデガーは新しい結論を導く。まったく新しい形の言語が必要とされている。存在という概念によって呼び起こされるとらえがたいニュアンス、それを把握させてくれる言語こそが必要とされている。そういうのである。

ハイデガーはこの課題に立ち向かい、問題の解決のために哲学者だけに通じる新しい専門用語をつくりだしていく。当たり前の日常言語では無意味《ナンセンス》と紙一重としか思われかねないような言葉が、まったく新しい哲学的な隠語《ジャーゴン》の衣をまとうことになる。

新しい哲学的な隠語《ジャーゴン》の技術的な複雑さを乗り越え、新しい専門用語を完成させるのに、ハイデガーは数年を費やす。が、ついには、ハイデガーは驚くほどの地点にまで到達する。手ほどきを受けない者にはほとんど入り込めない域に達したのである。

例を挙げよう。

「『自然』とは、世界内で遭遇する特定の存在者がもつ存在構造を枠《カテゴリー》としてまとめたものであるが、この『自然』で世界性を理解できるようにはけっしてならない」

難しい箇所を選んだわけではない。比較的単純な箇所だから選んだ。努力すれば、理解できる。だが、理解できたとして、厳密にいうと何が理解されているのだろうか？　独特の言葉は、この専門用語の世界の外に一歩出たときに、何か意味をもてるのだろうか?

ハイデガーはのちに「語るとは何かについて語ることだ」とめずらしく明確に主張する。それ以前の言葉づかいや主張の仕方とは大きく食いちがっているようにすら見える。「何かについて語る」というのだが、われわれは思いださなければならない。この「何かについて」には単なる論理では到達できないことになっていた。

これを見てほしい。

「お互いに共にあるという相互共同存在が世界内存在に帰属している。そのため、世界内存在は、気づかいと関心を向け合う相互共同存在の一定のあり方のうちに保持される」

こうなると、そもそも意味というものがこのような言語で何らかの存在をもちうるかと問いたくなる。この問いに対して、現代の哲学者たちは意見の一致を見ていない……。

一九二三年、ハイデガーはマールブルク大学の准教授に招聘される。ドイツの中央部にあるマールブルク大学は小さいながらも、由緒ある名門大学である。ハイデガーの名声が高まっていたことはまちがいない。とはいえ、三三歳という比較的若い年齢で准教授に任命されたのには、フッサールの影響によるところがかなり大きい。それでも、ハイデガーはすぐにカリスマ的な存在になる。現象学は、学生たちの間では哲学の最新の流行であった。新しい知に飢えた学生たちがハイデガーの講義に引き寄せられていく。

ハイデガーは講義を行う際、南ドイツの民族衣装をまとっていた。ローデン生地のジャケットをはおり、ニッカーボッカーズをはく。大目に見られる程度の風変わりさであろう。ハイデガーは意図的にそのような格好をしていた。自分のアプローチは「民族という根拠がある真正なるもの」、ドイツ的なものである。このことを強調したかったのである。

ドイツの由緒正しき伝統に基づく存在たる男がここにいる！

そう主張している。

講義がないときには、ハイデガーは黒い森《シュヴァルツヴァルト》の山々に帰り、自分で建てた山小屋で生活をするのを常としていた（文字通り自分の力だけで建てたというわけではない。建築はすべて妻のエルフリーデが監督していた。自分たちの子どもの世話をしながら……）。

人の手がほとんど入っていない古くからの自然に囲まれ、原始的ではないけれど簡素な家庭生活を送りながら、ハイデガーは存在について思索をめぐらせていく。軽薄で腐敗した近代の生活に染まらずに、はるかなる高みから存在のことを考えた。

けれども、マールブルクから七〇マイルも離れていないゲッティンゲン大学でも存在のあり方に思索がめぐらされていた。マールブルクと同じように伝統のあるこの大学で、ハイデガーの理論と同じように容易には理解しがたい思索が、存在というものの本性について繰り広げられていく。二五歳の若き天才ウェルナー・ハイゼンベルクに率いられた物理学者たちが量子力学の全枠組みをつくりあげつつあった。革命的な発展が起きようとしていたのである。

しかし、科学だけではない。戦後の負債のためにハイパーインフレーションの混沌に陥《おちい》ったドイツでは、哲学的にも、政治的にも、芸術的にも、革命的な発展が起きつつあった。ドイツのインフレはすさまじかった。一九二三年六月のある時点では、朝方、店を開けたときには二万マルクだったパンが、夕方に店を閉じるときには五百万マルクになっている。このような状況なら、芸術家や哲学者だけでなく、科学者も、さらには他の人たちも、存在の本性について自分なりの過激な結論にたどり着いたとしても、不思議ではないだろう。

一九二四年のことである。ハイデガーは、一人の魅力的なユダヤ系の若い女子学生が自分の講義に出席しているのに気づく。その後、学生の議論を耳にしていくうちに、見かけの未熟さとは異なり、傑出した哲学の才能があることがわかる。学生の名は、ハンナ・アーレント。東プロシアのケーニヒスベルクの出身であった。数週間のうちに濃密な哲学的議論が別の道に進み、哲学と同じように曖昧で多くの問題をはらむ感情的世界に迷い込む。

二人が愛人になったとき、ハンナ・アーレントはわずか一八歳、ハイデガーは三五歳であった。ハイデガーの手紙の文面からすると、彼が人生ではじめて激しい感情を経験したことはまちがいない。肉体的にも精神的にも感情的にも、あらゆる面で激しい感情がハイデガーを襲った。これは強力な啓示となる。それまでは、感情を抑え込んできた若き大学教授ハイデガーは農民風のジャケットをまといながら、自分は「生来控えめで感情を表に出さず、無骨である」といっていた。それが今や、自宅で妻と二人の育ち盛りの息子に囲まれているにもかかわらず、「私は孤独な生活を送っている」と同僚に宣言するようになる。

ハンナとハイデガーの妻エルフリーデは形のうえではどちらもプロシアの出身である。とはいえ、これほど異なった人間はいない。ハンナは偏見にとらわれない《コスモポリ》ユダヤ系の家系で育っている。両親のどちらもが進歩的《リベラル》で、ドイツの市民的《ブルジョワ》な生活に同化している。エルフリーデのほうの家系は、軍国主義的で保守的なユンカー階級、軍人を多く輩出するユンカー階級である。人種差別主義とドイツ至上主義の幻想、「理想」という仮面をかぶったあぶない幻想が渦巻く階級。そこでエルフリーデは育っている。

ハンナと出会うことで、ハイデガーが自分のなかにまったく新しい存在の領域を発見したことは疑い得ない。この発見が、存在がどういうものでどのような意味をもつかについてのハイデガーの理解に影響を与えたこともまちがいない。が、直接には、存在の哲学のなかには入り込んでいない。間接的な形でハイデガーの構想に影響を与えたと想定できるにすぎない。それでも、感情をいつわることはできない。固いが砕けやすいカラが破れ、満たされない愛というネバネバした感情の黄身があらわになる。ハンナはハイデガーのすべて、ハイデガーの女神になる。このときハイデガーは、独創的なアイデアを余すことなく繰り広げる偉大な著作を執筆していたが、ハンナとの議論は自分の哲学の核心を強く鼓舞するものになる。

ハンナのほうも、自分のほぼ二倍の年齢のハイデガーを心から尊敬するとともに、カリスマ性をもつ師への抗《あらが》いがたい愛の感情に圧倒される（ここで「ハンナ」と「ハイデガー」と記しているが、これは別に男と女の古いあり方に固執しているわけではない。二人の現実の関係を暗示したいにすぎない）。

それにしても、これは普通の情事ではあり得ない。マールブルクは名目上は都市ということになっているものの、実際には小さな田舎町にすぎない。人口も二万人に満たない。大学が休みに入ると、町は閉ざされたも同然。誰もが誰もを監視する田舎町になる。しかも、大学はきわめて保守的な雰囲気をもち、きわめて保守的な道徳的規範が支配しているところである。もちろん、これはマールブルクに限ったことではない。自らの社会的地位《ステータス》を頑《かたく》なに守ろうとするドイツの大学全体の伝統にほかならない。だから、若い女子大生と不倫の関係に陥るということは、ハイデガーにとってマールブルクの職を危険にさらすだけではない。大学教員としてのキャリア全体を危険にさらすことになる。このような危険を冒しそうになったのは、ハイデガーの人生でこのときだけだった。

ハイデガーとハンナは細心の注意を払いながら秘密裡に逢い引きを行わなければならなかった。ハンナの屋根裏部屋で密会を行う前には、ハイデガーはハンナに複雑な指示を書き連ねた手紙を毎回送っていた。おそらくは、いつもの南ドイツの民族衣装のうえに、忌み嫌っていたはずの都会風のレインコートをまとうことすらしていただろう。妻のエルフリーデのほうはハイデガーの授業に出席している女子大生全員を不快に思っていた。ハンナのことを疑っていたとしても、ほかの女子大生よりもわずかに強く疑っていたにすぎない。いずれにしても、情事が発覚することはなかった。危ない場面が何度かあったにすぎない。

とはいえ、このような緊張と不安のなかで一年ほど過ごすと、ハイデガーの神経が耐えられなくなる。自衛本能がついに感情を抑え込む。

ハイデガーはハンナにハイデルベルク大学に移るように勧める。残念な思い、悔しい思いがあったにちがいない。それでも、ハンナはハイデガーの言葉に忠実に従う。言うまでもなく、二人の関係が完全になくなったわけではない。不定期に密会を重ねていく。ほかの大学で講義や講演を行う際には、ハイデガーは数時間の時間を捻出し、田舎の宿屋でハンナと会うことを繰り返す。ハンナのほうはハイデガーに呼び出されると、すべてを投げ捨て、ハイデガーのもとに駆けつけた。だが、ハンナも状況はよく理解していた。学友の学生と関係をもち、ハイデガーの気をひこうとする。ハイデガーがショックを受け、自分に深く関わってくれることを期待したのである。ところが、ハンナが望むような反応をハイデガーは見せなかった。数年後、ハンナはこの学生と結婚する。それにもかかわらず、ハンナの傷ついた愛の感情の世界でハイデガーはさらに中心的な地位を占めつづけていくことになる。ハイデガーのほうも身の安全をはかりカラに閉じこもったとはいえ、ハンナが自分の人生にとってどのようなものだったかを忘れられなかったと思われる。これはセンチメンタルな推測などではない。長年にわたり、くすぶり続けている愛の感情は二人の生活に決定的ではないにせよ、多義的な影響を与え続けることになる。

一九二七年、ハイデガーはついに自らの新しい哲学を展開した著作を公刊する。それが『存在と時間』であり、「尊敬と友情を込めて、エドムント・フッサールに捧ぐ」という献呈の辞が添えられていた。

この著作はプラトンの引用ではじまる。

「『存在』という言葉を使うとき、何を意味しているか。君たちは明らかに久しい以前からそれを知っている。ところが、私たちのほうはかつては理解していたつもりなのだが、今では困惑している」

ハイデガーはこれ以上ないくらい慎重に自分の議論を展開しはじめる。

ハイデガーの主張の核心は、きわめてとらえがたい。もし冒頭部でハイデガーの論点が理解できないなら、続く四八〇頁に及ぶ議論、加速度的に難解さを増していく議論はまったく理解できないだろう。

ハイデガーはいくつかの問いを立て続けに投げかけることで議論をはじめる。

「われわれが『存在』という語を用いるとき、そもそも何を意味しているのか。この問いに対して、われわれは今日何らかの答えをもち合わせているだろうか」

ハイデガーはこの問いに対して断固たる否定の言葉《カイネスヴェックス》で答えている（ドイツ語の「カイネスヴェックス」とはどのようにしても駄目ということである。この点は重要になる。ハイデガーは言葉の語源をとてつもなく重要視する。ハイデガーが意図していたのは、『存在』を理解するための道《ヴェック》をわれわれに示すことに他ならない）。

ハイデガーは続ける。

「とすれば、存在の意味への問いをあらためて提起することは、重要なことである」

傍点で強調されている言葉こそ、『存在と時間』全体を貫く中心概念にほかならない。

この最初の段階ですら、いったいハイデガーは何について語っているのかとわれわれは問わずにはいられないだろう。

このような問いや議論にそもそも何らかの意味があるのだろうか、と。

こうした合理的な反応が冒頭部の議論から誘発されるだろうことを、ハイデガーが自覚していたことはまちがいない。だから、ハイデガーはすぐに読者の否定的な反応の機先《きせん》を制しようとする。われわれが肝心な点を理解していないことを示そうとするのである。

ハイデガーがたたみかける。

「今日、われわれは『存在』という言葉を理解できないことで困惑しているだろうか?」

ここでもハイデガーの答えは、断固たる否定《カイネスヴェックス》の言葉である。

われわれの多くはハイデガーと異なり、存在という概念に何も困惑するところがないと主張したくなる。われわれは合理的な態度で、存在をそれがそうであるがままに受け入れる。深遠な意味で存在を「理解」しようとは思わない。存在にまつわることに何の困難さも感じていない。あるものは存在をもつ（つまり、存在する）か、存在をもたない（つまり、存在しない）かのどちらかである。ウマは存在する。ユニコーンは存在しない。それだけだ。

ハイデガーは詳しく説明していないが、ここで指摘しておいたほうがよいのは、われわれの単純でまっすぐなアプローチにしてもかなりの繊細さと微妙さを持ちうるということである。この繊細さと微妙さは合理的で論理的なものを越えるものである。

例を挙げよう。

「神は存在する」あるいは「神は『存在』をもつ」とわれわれは信じることができる。宇宙のどこかにわれわれとは別の知的生命体が存在し、独自の存在の形をもつ可能性を信じることもできる。さらには、この独自の形の存在が本当に存在する確率を計算することすらできる。それだけではない。一見したところでは不可能な概念、虚数 i（マイナス1の平方根）すら「存在する」。つまり、虚数 i は数としては存在し得ないが、数学的には「存在」をもっているのである。

けれども、ハイデガーはこのような態度に満足しない。われわれが『存在』という言葉を理解できないことに困惑しないなら、困惑するべきだという。「何よりもまず、この問いの意味に対する理解を目覚めさせなければならない」という。そして、論稿全体の狙いは「『存在』の意味への問いを具体的に解き明かすこと」だとはっきりと宣言する。ここには神秘《ミステリー》があるから、それを理解するための道を示そう、とハイデガーは考えているのである。

ハイデガーの「存在」概念の中核をなすのが、「現存在《ダーザイン》」である。簡単に言えば、現存在《ダーザイン》とは、「人間という存在」のことにほかならない。ハイデガー自身の説明を使えば、現存在《ダーザイン》とは「その存在をわれわれが人間存在として知る存在者」である。これは「われわれが、私が存在するという根本的な主張のなかで見いだす」存在者にほかならない。

このことを明確にしたうえでハイデガーは、強調する。現存在《ダーザイン》の「存在」は、自らの存在を自ら理解することである。自らの存在を理解することで、現存在《ダーザイン》は、自らとは異なる諸存在の存在を同時に理解する。

別の箇所でハイデガーは現存在《ダーザイン》の構想をさらに説明していく。

基本的には、現存在《ダーザイン》の意味は、この言葉の字義そのものに含まれているという。現存在《ダーザイン》とは、文字通りには「そこに《ダー》」「ある《ザイン》」ということである。それだから、現存在《ダーザイン》の本質的要素は、「そこにある」ということ、もしくは「世界のなかに存在している」ということになる。これこそ、われわれの存在であり、私であることであり、「われわれがわれわれ自身である」ようなわれわれの存在の独自性なのである。そして主体が客体に出会う場所にほかならない。

ハイデガーの説明を聞くと、ここでも問わざるを得なくなる。

もし「語るとは何かについて語ることだ」とすれば、ここでハイデガーは何について語っているのだろうか？　似たような表現の冗長な繰り返しとして切り捨てる前に、ハイデガーの説明が本当に言おうとしていることは何なのだろうか？このことを吟味してみる価値はあるだろう。例えば、ハイデガーの結論を合理的で明晰《めいせき》なデカルトの結論と比べてみよう。

デカルトはあらゆるものの存在を疑うことができると論じた。世界全体が幻想なのかもしれない。世界についてわれわれが理解しているものも幻想かもしれない。それでも、私が考えているということは疑い得ない。

だから、「我考える《コギト》。ゆえに、《エルゴ》我あり《スム》」——これこそ最も確実なものだ。

そういうのである。

一見したところ明白で何も問題のない推論のように見える。だが、この洞察は自らの文法によって曖昧な部分が出てくる。すなわち、デカルトの「我」という言葉は秘密裡に持ち込まれたようなもので、「考える《コギト》」という動詞と「ある《スム》」という動詞の性質によって、「我」という言葉がいつの間にか導き入れられている。

それゆえ、本当にすべてを疑うとしたら、ここで結論できるのは、「考える《コギト》」という概念は必ず「ある《スム》」という概念を含むということにすぎない。「考える」に「私」が結びついていたり、「ある」に「私」が結びついていたりするのは、ただの文法上の要求にすぎない。

他方、ハイデガーの現存在《ダーザイン》は論理の領域を越え出ている。統語論《シンタックス》の領域も越え出ている。われわれの根本的な直観というほとんどとらえがたい基盤に入り込む。とすれば、われわれが自らの存在について基本的に理解していることに対するハイデガーの結論は、デカルトよりも深い。また、デカルトの結論よりも否定しがたい。「我」についての根本的な理解は、「我考える《コギト》。ゆえに《エルゴ》、我あり《スム》」などではない。「我」がまさに「世界の内に存在している」ことになる。

なるほど、このような概念や構想であれば、どうしても言語の彼方《かなた》に、つまりデカルトすら罠に絡《から》めとった言語の彼方《かなた》にあるものになってしまう。しかし、たとえ言語の彼方《かなた》にあるものだとしても、ハイデガーが導入したような曖昧で不可解な言葉を必要としているかは、別の問題である。

ハイデガーは、存在についての問いがかくも長い間無視されてきたのは、存在がわれわれにきわめて近しく、きわめて明瞭であるがゆえに、文字通り見逃されてきたからだという。現存在《ダーザイン》はあまりに近しいものであるから、日常生活ではとらえられないと同時に、日常生活を越え出てしまう。現存在《ダーザイン》は世の中についての経験的な問いの背後に隠れてしまうとともに、科学では到達できないところに潜むものだという。

たしかに、存在の問いに集中し続ければ、現存在《ダーザイン》に全面的にかかわることは可能かもしれない。けれども、われわれは日常の生活や日常のあり方を避け続けることはできない。ハイデガーによれば、「それでもその存在は、たとえその瞬間だけにせよ、ある瞬間に日常を支配することもありうる。日常を消し去ることはできないにしても、日常を支配することはありうる」

ハイデガーは公言する。

自分の哲学の目的は、一人ひとりができるだけ真剣に「存在の問い」に向くようにすることだ！

たしかに現存在《ダーザイン》の理解は、どうしても個々バラバラな解釈にさらされてしまう。だから、誤った解釈の歴史があり、そのなかに埋もれてしまっているものを掘り起こす必要が出てくる。哲学は存在の問いを無視し、誤解してしまっている。「存在」はどこか「高次の」領域にあるわけではない。この意味で形而上学的なものではないはずなのに、存在をこのように誤解することは、プラトンととともにはじまる。中世でも誤解が揺るがない。それどころか、フッサール（とハイデガー自身）の純粋な存在の構想にまで誤解が続く。フッサールの純粋な存在は、「括弧に入れられた」普遍的に真実で純粋な意識から生じるものにほかならない。けれども、現存在《ダーザイン》は根本的に異なるものである。「そこにある《ダーザイン》」とは、「世界の内に存在している」ものであり、形而上学的な彼方《かなた》にあるわけではない。このことは、われわれが現存在《ダーザイン》に集中すれば明らかになるという。

とはいえ、厳密に考えると、ここで何が明らかになったというのだろう。ハイデガー自身もここで譲歩を余儀なくされる。ハイデガーは自らが危機的な状況に陥ったとき、現時点では現存在《ダーザイン》についてのまだ何らかの正確な答え、何らかの真理に到達できないと感じる。このことをのちに詩の形で表現することになる。

神々にとっては、われわれはあまりに遅く

存在にとっては、われわれはあまりに早く、
やってきてしまった
しかしながら、存在の詩、活動をはじめた存在の詩、
それこそが人間にほかならない

しばらくの間、われわれに可能なのは、存在に向けて進んでいくことにすぎない。現時点では、われわれには、存在の問いに答えることはできない。だから、重要なのは、進んでいくことであって、目的に到達することではない。存在の問いに近づいていくことが、思索の本質的な仕事なのである。

しかし、現在のところ何の答えもないとすれば、存在の問いについての思索はわれわれに何を生み出すことができるのだろうか。存在の問いを絶えず定式化し

直していくことしかできないことになる。それでも、われわれには存在の意味、存在の真理に意識を集中することができるという。あるいは、存在の領域に意識を集中することもできる。さもなければ、存在のほかならぬ存在に意識を集中することもできるという。どれにしても、存在の何らかの理解を生み出すことはできるという。

ハイデガーはこうした理解の性質を「開示性」と名づけている。この現象学的な方法は、自らを開示するものを見えるようにすることである。開示されるものが何であるかはすぐには明らかにならない。すぐに正体をあらわすわけではない。開示されるのは、「そこにある《ダーザイン》」ことのうちに正体をあらわすすべてのものの根拠にほかならないという。

この説明を目にして、「すぐには明らかにならない」のは「開示されるものが何であるか」だけではない、と思う者も少なくないだろう。ハイデガーのテキストを読む多くの人にとって、いったいハイデガーが何について語っているのかが「すぐには明らかにならない」だろう。

幸いなるかな。ハイデガー自身も難解さに気づいていたらしく、この困難に対処する必要に迫られる。自分の考えていることを明確にするために、ここで素朴な田舎風の比喩を用いる。いかにもハイデガーらしいことではないか。

存在の問いを理解するこの方法は、森のなかで余分な木を間引き、空き地をつくるようなものだ、とハイデガーはいう。木々の茂みをまばらにし《リヒテン》、森林の下生えを明らかにする。そのため、間伐したところ《リヒトゥンク》に光《リヒト》があたる。ドイツ語のリヒトゥンクは間伐《かんばつ》（したところ）を指すが、その言葉のなかに光を意味するリヒトという綴《つづ》りを含んでいるのである。われわれは間伐されてあらわになった土地、すぐに明らかなものの下に隠されていた根拠に光をあてるのだという。かくして、土地ないし根拠をさらすことになり、根拠が「開示」されたことになる。

とはいえ、ハイデガーにすら困難な問題がここで浮かびあがる。われわれが隠されていた存在を開示するとき、それを秘匿されていないものにする。秘匿されていないことをハイデガーは「アレーティア」と呼んでいる。これは真理を示すギリシア語の言葉だが、忘却されないこと、秘匿されないことも意味する。しかしハイデガーによれば、ほかならぬこの秘匿されないことが秘匿された状態を生むという。

どうしたらそんなことが起こるのだろうか？

秘匿から解き放つことでわれわれは存在を一つの方法で開示することになる。が、同時にほかの可能性をすべて秘匿してしまうことになる。一つの開示を選ぶことで、あり得るほかの開示を閉ざしてしまうというのである。ここから、どうして存在が歴史をもち得るかも説明できるという。存在の歴史は、必ず進歩の歴史になるというわけではない。古代ギリシアで存在について開示されたことは、われわれが存在を技術的に開示するなかで、われわれには失われてしまっている。われわれがある形で秘匿から解き放とうとしたことで、ある秘匿を生むという結果になっているというわけである。

ここでも、ほかの数多くの箇所と同様、ハイデガーの議論は言葉の語源に遡《さかのぼ》っていく。語源に頼って、自分の議論を支えようとする。しかし、かつての言葉の用法、古代の言葉の用法が現代の用法より優っているというのはいったいなぜなのだろうか?

ハイデガーはいにしえの用法のほうが先んじているという。なるほど、まちがいない。だが、時間的に先んじているという狭い意味においてまちがいないにすぎない。この種のことは、「アレーティア」という言葉に対するハイデガーの用法ないし誤用のうちに見てとることができる。古代ギリシアではア＝レーティアは、非＝忘却、もしくは非＝秘匿を意味している（a《ア》という接頭辞は否定を意味している。「レーティア」はギリシア神話のレーテという川の名前にあらわれる。この川は忘却の川であり、誰もが死後この川をわたらなければならないといわれている）。

いにしえの存在の理解が秘匿されたか、忘れ去られた。ハイデガーはそう論じる。

けれども、ギリシア語の「アレーティア」という言葉には、記憶についての完全に誤った構想が含まれている。ソクラテスによれば、すべての知識は想起である。われわれが生まれる前に理想的な状態で獲得した知識を記憶が取り戻すにすぎないという（教育《エデュケーション》という言葉のもともとの意味も同じようなものである。エデュケーションとはラテン語で「外に連れだす」ということを意味する。すなわち、すでにそこにあるものを外に取りだすということである）。この古代の構想に従えば、記憶によってわれわれは真理、つまり「アレーティア」、すなわち非秘匿ないし非忘却に到達することができることになる。

しかし、今となればもちろん、このような形で知識を得るのではないことをわれわれは知っている。言葉の語源に赴いたとしても、あるいは言葉がもっていたかつての意味の残響に耳を傾けたとしても、本質的な真理に到達することが保証されるわけではない。

言葉にはその意味の歴史が埋もれているという点では、ハイデガーの言っていることは正しい。だが、この歴史が腐敗や秘匿の歴史であるとは限らない。むしろ、反対のことが起きている。言葉の用法の歴史というのは、言葉の文字通りの意味とは異なるかもしれないが、往々現実に起きていることをより本当に映し出すことに近づいていく。言葉の用法の歴史をたどれば、多くの場合、本当に生じている事柄のより真実なる像に向けて進行していく記録になっている。

　ギリシア人たちは「真理」に対して「アレーティア」という言葉を今なお使う。それでも、われわれにしてもギリシア人にしても、真理を非忘却（あるいは非秘匿）と見なすことはしない。なぜ見なさないのか？　なぜなら、真理は記憶と必然的に結びついているわけではないから。真理は記憶のなかに発見されるものではないのである。こうした欠点、こうした欠陥だらけのアプローチが、ハイデガーのもろもろの概念につきまとう。

ハイデガーは「現存在《ダーザイン》」のように、自らの目的のために勝手に言葉をつくることもあれば、「アレーティア」のように文脈とは関係なく語源に遡《さかのぼ》ることもある。あるいは、「世界内存在」のようにいくつかの言葉を混ぜ合わせることもある。このような努力を重ね、誰も真似することのできない独自の言語を創造した。この言語に魅了されると、すべてがこの言語の枠のなかで理解されてしまいかねない。

「情状性は、世界、共現存在、および存在の等しく根源的な開示の一つの実存的な根本様式にほかならない。人間の存在も本質上世界内存在だからである」

この箇所など、理解の可能性が限界に近いところまで来ている小さな例にすぎない。

ハイデガーはこうも言っている。「無は自分自身を無にする」。

何とも適切な言葉ではないか。だが、この説明は本当に無の根幹を探りあてているのだろうか。やはり疑念に思わざるを得ない。もしかしたら、こんな説明などまったく無意味なのかもしれない。

それでも、巧みで雑多な比喩《ひゆ》で警告するとき、ハイデガーは真剣だ、とわれわれは想定しなければならない。こんな警告もある。

「非合理主義は合理主義への反げき《カウンタープレイ》であるかぎり、合理主義が目を向けないものについて、横目で見ながら語る」

シェイクスピアは「劇《プレイ》が肝心だ」と書いたが、ハイデガーにとっては「げき《プレイ》」など、横目で見ながら語ることができるものにすぎない。

「抑制の効かない言葉の神秘主義に陥らないようにしなければならない」。こう忠告したあとハイデガーは続ける。

「それでも、哲学の究極の役割とは、現存在が自らを表現するもっとも基本的な言葉の力を守ることである。つまり、常識がそれらの言葉を平均化し理解不可能なものにしてしまわないように、このもっとも基本的な言葉の力を守ることなのである。もしこうした言葉が理解不可能なものになってしまうと、見せかけだけの問題を生み出すことになってしまう」

なるほど、そうだ。「常識」的なわれわれの目からみても、「力」をもつ言葉の数々に――意味はよくわからないにしても「力」をもつ言葉の数々に――「見せかけだけの」問題など存在しない。こうした言葉の数々をそもそも理解する必要があるとすれば、それらは「本当の」問題を生み出しているのである。

ハイデガーが公然と宣言している目的は、もっぱら「存在」への関係という観点から「人間の本質を定める」ことであった。このような自分のことにしか目が向かない態度を見ると、ナルシスのことが頭をよぎる。しかし、あのナルシスの話も、ソクラテス以前の時代のものであった。統合された存在の時代であるはずのときに、どうしてこのようなことが起きるのだろうか。

また、ハイデガーの取り組み方は、巧みに重要な問いを回避しているように見える。もし「人間の本質」が、ハイデガー流の「存在」とは別のところにあったなら、どうなるのだろうか。「人間の本質」の一部もしくはすべてが、心理の領域に、あるいは社会生活の領域に、あるいは宗教の領域に、あるいは政治の領域に、あるいは合理的な哲学的探求の領域に、あるいはこのような領域のいくつかが溶け合った領域にあるとすれば、どうなるのだろうか。存在のこのような特殊な局面を取り除いてしまうと、人間の存在、つまり実存のようなものなど存在し得ないとしたら、どうなるのだろうか。どうだろう？　このような特殊な特徴や属性を含めずに、人間の存在を考えることなどできるのだろうか？

ハイデガーの主張と折り合いをつけるためには、このような小さなことにこだわってはいけない。今述べたようなことをすべて忘れなければならない。では、どのようにすれば「人間の本質」に到達できるのか？ もし到達できないにしても、近づいていくことができるのか？

一つの方法しかない、とハイデガーは考える。

人間存在の核心に思いを集中することで偶然的なもの、取るに足りないものを排除するしかない。そして、死を予期することでしか、偶然的で暫定的な可能性のすべてを追い払うことができないという。「自分の存在の有限性」を把握すれば、次々と押し寄せてくる身近で浅薄な「多様な可能性」から自らを解放できる。快適さや安楽な生活のようなものを遠ざけ、死の問いから目を離さなければば、「現存在をその運命の単純さへ導くことになる」。不安のなか、あるいは不安にさせる罪の意識、あるいは死という恐ろしい見込みのなかでのみ、現存在の存在がわれわれに開示されるというのである。

このような極端なことが必要なのは、西洋の思想のなかで堕落ないし「頽落《たいらく》」と言われることが起きてしまったからだという。「頽落《たいらく》」とは、文字通り、「頽《くず》れ」「落ちる」ことである。堕落ないし「頽落《たいらく》」が起きるのは、技術の発展が極度に一面的に発展してしまったからである（ハイデガーについていくには、ここでは以下のことを見逃す必要があるように見える。この技術的発展があったからこそ、われわれの多くが粗野で不快な生活や短命な人生から抜けだし、自分の存在について考えることができる時間的余裕や条件を手に入れたことを……）。技術の発展の結果、われわれは「かなり非本来的なあり方」に陥っているというのである。

この非本来的なあり方、非本来性は人間存在に不可避なものになってしまっている。ソクラテス、プラトン、アリストテレスがすべてを台無しにしてしまったあとでは、人間存在は多かれ少なかれ非本来性によって特徴づけられるという。ハイデガーによれば、非本来性という呪いがどこから生じるかは簡単きわまりない。存在の問いに人生を集中させないことから生じるのである。非本来性は一人ひとりのふるまいのなかから生じるかもしれない。つまり、脳の外科手術を行うこと、ハンセン病患者の居住地区での献身的な奉仕に人生を捧げること、チェスの名人《グランドマスター》になることのような小さな活動から生じるかもしれない。が、一つの時代全体のふるまいからも生じうる。すなわち、ギリシア時代、ルネサンス、啓蒙主義の時代のふるまいからも生じうるというのである。

一九二八年、フッサールがフライブルク大学の哲学担当の正教授から退《しりぞ》く。フッサールの強い推薦に基づき、ハイデガーが後継者となる。三九歳でハイデガーは正教授になるのである。

教授就任講義は「形而上学とは何か」と冠《かん》せられた。この講義でハイデガーは人間存在、つまり実存についての自らの哲学を詳しく述べていく。ここでも、カリスマ性を放つ若き教授は、農民風の地味な民族衣装で登壇し、近代の産業化された社会を激しく攻撃していく。

このような「基本に戻れ」「自分たちの源《みなもと》に戻れ」という訴えは、一九二八年のドイツでは人々の耳に届きやすかった。ドイツはインフレーションの廃墟から立ち直りつつあったが、中産階級の市民の多くが蓄えをすべて失い、社会的地位《ステータス》も失っていた。激しい不満、二〇世紀のドイツの運命を導く不満がくすぶっていた。誇り高く強大な国、皇帝が世界大戦に導いた国が、わずか一〇年も経たずに、不安にとり憑《つ》かれ金儲けに走る社会、口論好きの政治家に支配される社会に成り下がってしまったのである。

就任講義でハイデガーは、「頽落《たいらく》」、つまり堕落についてスケッチしていく。「頽落《たいらく》」が起き、さらに人間が周囲の環境に覆い隠されている状態になっていることを説明していく。人間の存在は事物のようなものになりつつあるという。個性が失われつつあり、人間は文字通り誰でもない者、取るに足りない者になっている。人間《マン》は「世人《ダス・マン》」になりつつある（世人とは、「あのもの」というようなことで、馴染《なじ》みのない対象のようなものになってしまっているということである）。

人間は自分自身の存在に集中するのではなく、自分を無視し、外側に向かっていく。この「外部志向」の結果、われわれは周囲の人間の観点から自分自身を眺《なが》めるようになってしまっている。自分自身の存在に基づいて自分自身を定義するのではなく、社会に照らして自分をはかるようになってしまっている。

現代社会では、「世人《ダス・マン》」の影響はいたるところで目に飛び込んでくる。大衆行動が生じ、それが大衆の生活を生み出す。軽薄な生活が軽薄な存在を生じさせる。会話はつまらぬ無駄話で埋めつくされ、本当の親密さを生み出すことができない。そのため、個人と個人との関係が非本来的なものに成り下がってしまう。本物の学びの代わりに、「世人《ダス・マン》」は単なる「好奇心」でいっぱいになってしまっている。本物の事柄ではなく、新しいものをひたすら求めていく。このようなことすべてが存在の問いへの無関心を生み出してしまう。大衆という形であらわれるこのような人々が求めるのは、ありふれた満足、深い喜びを欠いた平凡な満足でしかない。「知るという快活な喜びは永遠への扉」であるにもかかわらず……。

現代は「神なき時代」であるはずだが、ハイデガーの立場が宗教的であることは否定しようがない。批評家のA・D・ネスによれば、「存在への探求は、神への信仰を探求する営みを装ったものにすぎない」のである。

この指摘が適切か否かは今は問わない。

が、神は――存在するにしても存在しないにしても――現代社会では居場所がない。この点をハイデガーは強く主張し続ける。近代の産業社会は広範な窮乏と浅薄な幸福を同じ程度に生み出している。思考と行為の自由への余地がない。どのような形であれ、存在の独立性の余地がない。かくしてハイデガーの厭世的な嘆きがずっと続いていく。

「この馬鹿げた流行の数々。ジャズ、チャーリー・チャップリン、ペーパーバック版のプラトン。とんでもないことだ」

読者が目にしているこの本そのものだけではない。読者が、この本を読んでいるという事実すら、ハイデガーはとんでもないことだと見なすだろう。たしかに、この本は彼について書かれたものであるが、それでも嘆かわしさが減じられるものではない。おそらくは、教えを受けたければドイツ語の原書にあたれ、というだろう。そして指示に従い、ハイデガーの本物の論考に目を向ければ、このような文章も目にすることになる。

「世界の世界性の分析は、世界内存在のすべての現象をたえず視野に入ってくるようにしたが、その構成要素のすべてが世界そのものの現象と同等な現象学的な判明さで際立ったわけではなかった」

もっとわかりやすいが、誤解を招きやすい表現で、こうも言っている。

「存在について考えれば、われわれは本当の故郷に到達できる」

一九三〇年代のはじめ、世界は大恐慌に直面する。

ドイツの経済の脆弱な回復基調は消え、ドイツ経済は再度破綻する。困難にあえぐ国民は、極端なものに走った。

一九三三年、ヒトラーとナチスが政権の座に就く。ナチス政権が行った最初の政策の一つが、ユダヤ人を公務員から追放することだった。ドイツでは大学は行政機関ないし官公庁の一部となっている。そのため、ナチス政権の政策は壊滅的な結果をもたらす。

一つの例をあげるだけで、その影響の大きさがわかるだろう。

ゲッティンゲン大学の数学科は、当時のもっとも偉大な数学者の一人、老齢のダフィット・ヒルベルトに率いられ、世界の最先端、世界でもっともすぐれたところと見なされていた。ナチスの役人が数学科を訪れ、新しい「ドイツ化（ゲルマン化）」された数学科をどう思うかとヒルベルトに訊ねたところ、ヒルベルトの返答は簡単《シンプル》だった。「数学科などもはや存在しない」と答えたのである。

大学でもこういう状況なのだから、社会のほかの領域でのありさまはとてつもなく酷かった。自殺した者、全財産を捨ててもドイツから脱出できた者は、幸運な者とみなされた。

一九三三年四月から五月にかけて、ハイデガーはフライブルク大学の総長への指名を受け入れ、ナチス党に入党する。これは総長への指名が必然的に要求することだった。総長への就任は、危険な方向に導きかねない過度の野心を示すものだろう。が、それだけではなかった。ハイデガーは、すぐに就任演説で自分の考えを明確にする。もちろん、ほかの者には真似できない独自のスタイルで自分の考えを述べていく。

「ドイツの大学の本質への意志は、自らの国家で自分自身を知る営みを行うドイツ民族の歴史的な使命への意志としてあるかぎりで、学問への意志である」

この言葉が何らかの意味をもつ限りでのことではあるが、「学問への意志」はとても残念な結果を招いている。相対性理論や核物理学におけるドイツの偉大な業績、アインシュタイン、ハイゼンベルク（彼はユダヤ人ではなかったが）、そしてほかのドイツ人ノーベル賞受賞者たちの研究成果が「ユダヤ的科学」として蔑《さげす》まれていく。

このようなことを耳にしたハンナ・アーレントは、ハイデガーに手紙をしたためる。自分の敬愛する哲学の師ハイデガーに関して耳にしたことが信じられなかったのである。ハイデガーはハンナからの手紙に返答を書き、自分は反ユダヤ主義者ではないと主張する。

しかしこのころ、ハイデガーはフッサールとの関係をすべて断ち切っていた。フッサールはユダヤ人であり、そのため名誉教授の称号も剥奪される。そしてハイデガーは『存在と時間』の第四版からフッサールへの献呈の辞を密かに削除する。

ハイデガーのこのようなふるまいは、弁解の余地のないものかもしれない。だが、こうしたふるまいとハイデガーの哲学は折り合えるものだろうか？　折り合えないものだろうか？

多くの注釈者《コメンテーター》たちはハイデガーの行いをおぞましいと思いながらも、ハイデガーのふるまいは彼の哲学には影響を与えていないと確信している。

しかし他方で、ハイデガーの哲学のいくつもの要素が、ドイツ的なるものを絶対視する信念と呼応する結論につながることは否定できない。たとえば、「本物の哲学を行う」ために必要な言語についてのハイデガーの考えを見てほしい（ハイデガーのような言語の扱い方をしている人が、その言語の適切な使い方に関してはきわめて明瞭な考えをもっている。これは驚くべきことかもしれない）。

生ける哲学は生ける言語でのみ遂行されうる！

ハイデガーはそう確信していた。

ラテン語は死せる言語であるとともに、その死はほぼすべてのヨーロッパの言語に影響を与えている。イタリア語、フランス語、スペイン語、英語。これらのすべてがラテン語という死せる言語に起源をもっている。そして死せる言語では、死せる思考しか生まれない。ラテン語という死せる言語から派生した言語で思考しても、存在の源から遠く離れてしまう。ただ一つの言語だけがこのような影響を受けないでいる。それがドイツ語である。ドイツ語のみが古代ギリシアの言語、すなわちほかのヨーロッパ言語の源である原初の言語へ直接つながっている。それゆえ、適切に哲学の思考の営みを行おうとすれば、ドイツ語を用いるしかないことになる。したがって、ドイツ国民には特別な宿命が与えられることになる。

「ドイツ人からのみ、世界史的な思索が生まれる。ドイツ語が何であるかを見い出し、それを擁護するならば」

ハイデガーがナチス党に入った理由は、出世のことだけにあるのではない。「私は権力を握った運動のなかに国民の内的な想起と再生の可能性を、そして西洋世界における自分たちの歴史的な使命を国民に発見させるであろう道筋を見たのです」

なるほど、ハイデガーの哲学的思索がハイデガーをナチス的なものに導いたのはまちがいない。ハイデガーは近代的なものを拒絶し、ドイツ文化の民族的な要素を好んでいた。これは、生粋のゲルマン民族についてのナチズムの（ハイデガーのものよりも狡猾《こうかつ》ではあるが、ハイデガーのものと似ている）考えとよく一致する。

だが、ハイデガーは自らの大衆文化への憎悪とナチズムのニュールンベルク党大会でのふるまいをどう折り合わせるというのだろうか。どう説明したところで、説得力のある説明など出てくるはずがない。こう考えるしかないのではないか。ハイデガーにとっては、二つのタイプの大衆文化がある。真のドイツ文化と「腐敗した」近代アメリカ文化という二つが……。

象牙の塔や山小屋にばかり住んでいたためだろうか。ハイデガーには、自分が行なっていることや自分が勝手に願っていることがどのような結果を生むかについてはほとんど自覚がなかったようである。哲学者としてのハイデガー自身、そしてハイデガーの哲学の双方が、現実のある種の側面を「括弧に入れる」ことを好んでいたとしか言いようがない。「このこと」こそが、ハイデガー哲学の危険で自己欺瞞的な側面、ハイデガーをドイツの再生の支持へと導いた側面にほかならない。ハイデガーの「哲学そのもの」がナチズムの構想を含むわけではない。

この自己欺瞞的な態度を裏づける別の証拠もある。それは、ハンナ・アーレントに対するハイデガーの態度である。

ハンナへの返答の手紙のなかで、反ユダヤ主義の疑惑に対して自己弁護を繰り広げた。が、その同じ手紙のなかで、反ユダヤ主義を正当化しているようにも見える箇所もある。自分が何をしたと言われようとも関係がない。ユダヤ人との個人的な関係、ハンナやフッサールのようなユダヤ人との個人的な関係に対しては、自分の行なったことは何の影響も及ぼさない。

ハイデガーはそう書いているのである。

フッサールとの関係など、悲喜劇としか言いようがない。先ほどの言葉にもかかわらず、ハイデガーはフッサールを切り捨てている。ただ、そのときには、ハイデガーは妻のエルフリーデを使って花束と慰めの言葉をフッサールに贈っているのである。

ほどなく、ハイデガー自身、このようなごまかしをいつまでも続けることなどできないと気づく。文章のなかなら成しとげられることも、現実の生活では簡単にはいかない。総長への就任演説で、ハイデガーは未来に対する希望について言及していた。ハイデガーの伝記を執筆しているザフランスキーの言葉を借りよう。

「ギリシア哲学の覚醒によって根源的な力《パワー》を復興させるものとしての革命。その革命による社会生活のなかに、ギリシア世界が戻ってくることをハイデガーは望んでいた」。とはいえ、(権)力《パワー》と哲学は分かれ、離れていく。ナチス政権の教育省からの最新の指示を実行に移そうとしたため、総長としてのハイデガーは道徳的にいっそう危険な方向に進んでいく。

もはや黒い森《シュヴァルツヴァルト》のトートナウベルクの山小屋に戻ったときにだけ、ギリシアについての夢想に近づくことができた。下界のフライブルクでは、ナチスの悪漢たちが大学のなかをうろついていた。それでも、しばらくの間はハイデガーは「偉大なることはすべて嵐に耐え、生き抜く」という信念にしがみつく。

だが、駄目だった。総長に就任してから一年も経たないうちに、ハイデガーは突然辞任する。

その後の数ヵ月間、ナチス関係の刊行物のなかでハイデガーを侮辱するような言葉が数多く掲載されることになる。それでも、哲学の教授の職を失う心配はなかった。ハイデガーがナチス党員に留まったからである。ある段階では、ハイデガーをプロイセン大学教官アカデミーの会長にするという話すらもち上がっている。もっとも、ハイデガーにとっては幸いなことに、会長に選ばれることはなかった。もし選ばれていたとしたら、ベルリンに移住しなければならない。そんなことは好まなかったにちがいない。ハイデガーは自分の住処《すみか》に根をおろしながら、「根拠のない無力な思考」を批判しつづけた思想家であった。ザフランスキーの言葉をもう一度借りれば、「ヒトラーと革命の必要性へのハイデガーの信念。それが捨て去られることはなかった」。

たとえそうであったとしても、ハイデガーも徐々に政治から距離を置きはじめる。「ハイデガーの哲学は英雄《ヒーロー》を求め、それが政治的英雄《ヒーロー》であるとした。が、ようやくハイデガーも二つの領域をもう一度切り離しはじめる」。哲学は政治よりも「深い」という。存在はさまざまな出来事を駆り立てる精神ではあっても、出来事のなかに必ずしも吸収されないというのである。

しかし、よくあることだが、しだいに存在一般とハイデガー個人の存在を区別することが難しくなっていく。

不可避の戦争が近づくにつれ、ハイデガーは自分のなかに引きこもることが多くなっていく。戦争の闇が降りてきて、「文化の一つの構造としての哲学」はほとんど余分なものになってしまい、「存在そのものによって語りかけられているもの」として存続するにすぎないという。しかし、それでもハイデガーは第二次世界大戦のただなかで、発言をしようとする。

「今日、アメリカ人気質に染まったアングロサクソンの世界が、ヨーロッパを、それだからわれわれの故郷を、それゆえ西洋の源を破壊する決意を固めている。このことをわれわれは知っている」

すべてが「破壊」という観点から見られねばならないという。誇張が何もかもを正当化していく。やがてハイデガー自身という個人の存在が存在そのものになり、ドイツの運命が西洋文明の運命そのものになっていく。フランスやイギリスが、このときにはイタリアの大部分が、そしてハイデガーが愛してやまなかったギリシアまで、アメリカ人の側（アメリカ人には、ヨーロッパの国々に住んでいた人の子孫が含まれている。また、アメリカ人を率いていたのは、アイゼンハワーというまぎれもなくドイツ系の名前をもっている男だった）に立って戦っていたことなど、ハイデガーの頭に浮かばなかったように見える。フランス、イギリス、ギリシアなどが離れてしまっても、ドイツだけが「西洋の源」への主張を掲げることができるというのだろうか……。

ドイツ、そしてドイツにまつわるこうした思索のすべてが、一九四五年には灰《かい》燼《じん》に帰す。ハイデガーは大学の職を剥奪される。ハイデガーの家も貴重な図書室共々、占領軍たるフランス軍が徴収した。ハイデガーは激怒し、軍の上層部に手紙を書く。

「私はこれ以上ないくらい強い言葉で、私と私の作品に対するこの攻撃に抗議したい。なぜ私が選び出され、全市民の目の前で、つまり事実上世界の目の前で処罰と中傷を受けねばならないのか？」

ハイデガーはまだ何も理解していなかった。

だが、さらに悪いことがやってくる。非ナチ化委員会に呼び出され、弁明することを余儀なくされる。非ナチ化委員会の前に姿をあらわすという「侮辱」に耐えねばならなくなったのである。

時、ここに至っても、ヒトラーを公的に支援したことに対する「個人的な責任」を負う理由など何もないと考えていたようである。そのため、ハイデガーは教職から追放される。これは、一九五一年まで続くことになる。

けれどもこの間、ハイデガーは裕福な市民たちの私的な集まりで密かに講義を行っている。つまり、多くがハイデガーと同じように直前の過去に多義的な感情をもつ人たち——彼らに語りかけていた。ユダヤ人に対する残虐な行為にハイデガーが個人的に責任があるわけではない。また、ユダヤ人大虐殺《ホロコースト》が明らかになったときにハイデガーは衝撃を受けたにちがいない、と推測することはできる。それでも、大虐殺《ホロコースト》のおぞましさが白日のもとにさらされたのである。謝罪してもおかしくはない。だが、ハイデガーは謝罪を拒否した。そして、これ以降も拒否しつづける。

一九六八年、ハイデガーは偉大なドイツ系ユダヤ人の詩人パウル・ツェランをトートナウベルクの山小屋に招く。三日間、滞在してもらおうというものである。ツェランの不安に満ちた詩。その質の高さをハイデガーは心から称賛していた。ツェランの詩を読むことは、存在の問いに近づくことだとすら考えている。ツェランのほうもハイデガーの思想に心からの敬愛の念を禁じ得なかった。ツェランが山小屋に赴くと、老齢のハイデガーに温かく迎えられた。トートナウベルクの山小屋に招かれ、ハイデガーと時間を共にできる客はごくわずかな数にすぎない。ツェランはその一人だった。

山小屋で向かい合った二人は、まったく異質の人間だった。一方には、静かで孤独を好み、うっとりとした表情を示す老齢の男。他方には、精神が不安定で、自らの民族の運命にとり憑《つ》かれた詩人。ところが、驚いたことに、この異質な二人に深い感情的なつながりが芽生えたように見える。しかし、それでもハイデガーは謝罪しようとはしなかった。ツェランは深く当惑しながら山小屋を立ち去ることになる。

この数年前のことになる。ハイデガーのもとをハンナ・アーレントが訪れている。このころには、彼女はアメリカで政治哲学者として名声を博しつつあった。もっとも、彼女の思考はハイデガーに深く影響されたままだった。第二次世界大戦後にはじめて会うとき、ハンナはハイデガーのことを警戒していた。言うまでもなく、ナチス時代のハイデガーのふるまいやスタンスに疑念をもっていたのである。だが、本人を前にすると、すべてが予想とはちがっていたように見えたらしい。以前の親密さが戻ってくる。親密さといっても、知的な親密さである。このとき、ハンナは幸せな結婚生活を送っていた。ハイデガーのほうもエルフリーデにかつてのハンナとの関係を告白していた。エルフリーデは反ユダヤ主義の信念を捨ててはいなかったので、ハンナがヨーロッパを訪れる際にハイデガーと面会するのをしぶしぶ容認したにすぎない……。

　ハンナ・アーレントは全力を尽くして、ハイデガーの著作をアメリカに広めようとした。そのため、広範な読者層にハイデガーの着想が理解され、評価されていく。ハイデガーの名声が徐々に高まっていく。影響力も広がる。以前からハイデガーはヨーロッパでは高く評価されていた。特に、フランスの実存主義者ジャン・ポール・サルトルはハイデガーのことを称賛している。しかし一九六二年に『存在と時間』の英訳が刊行され、ハイデガーはようやく世界的な名声を手に入れる。

この一年後、ハンナ・アーレントは一つの裁判についての報告を雑誌に連載する。イェルサレムで行われたナチスの戦争犯罪人アドルフ・アイヒマンの裁判の報告である。この連載のなかで、彼女は「悪の陳腐さ」という言葉をつくっている。アイヒマンを表現しようとしたもので、彼の官僚主義的な心の狭さがあのような筆舌につくしがたい惨事を招いたというのである。このタイプにあてはまる男にそれまで会ったことがない、と彼女はいっている。だが、すでに彼女はこの種の男に出会っていた。アーレントはハイデガーのことを心から尊敬し続け、自分で自分の心を欺《あざむ》くところまで達していたのである。

もちろん、ハイデガーのほうは、アーレントの名声が高まるのを心から受け入れることはなかった……。

一九七五年、ハンナ・アーレントが帰らぬ人となる。その一年後、八六歳でハイデガーがこの世を去る。ハイデガーは生前の望み通り、黒い森《シュヴァルツヴァルト》のメスキルヒに葬られる。生誕の地に永眠したのである。

ザフランスキーのハイデガーの伝記の末尾は印象的なものとなっている。ザフランスキーは大部の伝記を締めくくるにあたり、ハイデガー自身が別の文脈で使った言葉を引用している。

「哲学の道は再び暗闇に落ちていく」

ハイデガーの言葉

ハイデガーはソクラテス以前の思想家の言葉を好んで引用する。ソクラテス以前の思想を見習うとともに、復活させようとしている。

「だが、おまえたちは、すべてを学ばねばならぬ。至るところにある秘匿されざるものの揺らがぬ核心を。そして、秘匿されざるものを信頼できぬ死すべき者の見かけの意見を」

——『パルメニデス』

次の一節でハイデガーは存在の秘匿について語っていく。アレーティア（秘匿されざるもの）は秘匿された存在に入り込んでいき、存在の真理を見つける。

「秘匿は拒絶か、単なる偽りの装いかのどちらかでしかあり得ない。どちらなのかはわれわれは完全に知ることはできない。秘匿はその秘匿すること自体を秘匿し、偽りの装いをまとう。これが意味するのは、次のことである。存在のただなかの空き地、間伐のように空けられたところは、カーテンが常に開けられている固定舞台、存在するものの演技が上演される固定舞台のようなものではけっしてない。この二重の秘匿としてのみ、間伐のように空けられることが生じる。存在するものを秘匿しないということは、われわれの目の前にある手近な状態などでは断じてない。それは偶然的な出来事なのである。秘匿しないということ（真理）は、存在するという意味での事物の属性でもなければ、命題の属性でもない」

――『芸術作品の根源』

「哲学はすべての人間の存在に潜在的な形で含まれている。どこかから持ち込まれる必要などない」

――『論理学の形而上学的な始元諸根拠』

「哲学自身の存在が独自な形で現存在全体の根本的な可能性のなかに飛び込むことによってのみ、哲学は動きはじめる。この飛び込みには、三つの事柄が決定的に重要である。第一に、存在するものすべてに空間を与えなければならない。第二に、無の中へわれわれ自身を解放しなければならない。換言すれば、誰もがもっていて、密かに逃げ込みがちな偶像、そこから自由にならなければならない。最後に、この浮遊の運動を徹底的に押し進めて、絶えず形而上学の根本的な問いに揺り戻されるようにしなければならない。無そのものが強いる形而上学の根本的な問いとは、なぜそもそも何かが存在するのか、なぜ無ではないのか、ということである」

――『形而上学とは何か』

「現象学の発見の偉大さは、事実として獲得された成果、分析され評価されうる成果、問いや作業の本当の変革を今日確実に呼び覚ます成果にあるのではない。現象学が哲学の探究の可能性そのものの発見であるということのうちに、現象学の発見の偉大さがある。だが、可能性は、可能性として理解され、可能性として保持されつづける場合にのみ、そのもっとも固有の意味で適切に理解される。しかし可能性を可能性として保持するということが意味するのは、探求や研究がもたらす偶然的な状態を究極の現実として固定させることでも、凝固させることでもない。事象そのものへの傾向を解放したままにすることなのである」

――『時間概念の歴史への序説』

「それゆえ内存在が、存在的な特徴づけによって存在論的に明らかになることはあり得ない。例えば、ある世界のうちで内存在することは一つの精神的な属性であると語ること、人間の『空間性』は人間の肉体性の一つの性質であり、これは常に同時に物体性によって『根拠づけられている』と語ること、これでは存在的な特徴づけにすぎず、内存在を存在論的に明らかにすることはできない。このような存在的な特徴づけでは、こうした性質をもつ精神的なものと物体的なものが『手近なところに一緒に存在する』というところに立ち戻ってしまう。そして、このように合成された存在者の存在そのものは、ますます曖昧になる」

――『存在と時間』

このようなハイデガーの作品への評価はさまざまである。ヨーロッパの著名な思想家ジョージ・スタイナーはハイデガーを高く評価している。「……ハイデガーを評価し直せば……文字通り思考という概念そのものを再考せざるを得なくなる。偉大な思想家のみがそのような創造的な営みを呼び覚ますことができる」

ここで、スタイナーがユダヤ人であっただけでなく、ナチス時代のハイデガーの恥ずべきふるまいもよく知っていたことは、注目に値する。スタイナーはこうも言っている。

「西洋の思想の歴史で『存在と時間』のような作品は他にない」

『存在と時間』のような作品は他にない。たしかに、そのような評価に同意する者は多いだろう。この評価はお世辞などではないと見る人もいるだろう。しかし、他の有名な思想家たちは歯に衣着せずハイデガーを批判していく。数多くの批判のなかから一つだけ例を挙げよう。しかも、もっとも極端な例と呼ぶにはほど遠いものである。

「複雑な凡庸さの巨人……ハイデガーの哲学の方法は徹頭徹尾、神経症《ノイローゼ》的で、突き詰めれば気難しさと心の不安定さから出てきたものだ。彼と気の合う友人がいるとすれば、親しい友人であれ、それほど親しくはない友人であれ、精神病院にいるだろう。患者としているかもしれないし、哲学的に暴れ回っている精神科医としているかもしれない。……批判的な分析をいくら進めても、哲学はいまだ精神病質者《サイコパス》を根絶できないでいる。精神医学の診断基準は何のためにあるのだろうか？」

――『ユング書簡集』

哲学史重要年表

紀元前六世紀……ミレトスのタレスが西洋哲学史の幕を開く。

紀元前六世紀の終わりごろ……ピュタゴラスの死。

紀元前三九九年……アテナイでソクラテスが死刑を宣告される。

紀元前三八七年……プラトンがアテナイに世界最初の大学アカデメイアを設立する。

紀元前三三五年……アリストテレスがアテナイに、アカデメイアのライバル校リュケイオンを開校する。

三三〇年……皇帝コンスタンティヌスがローマ帝国の首都をビザンティウムに移す。

四〇〇年……聖アウグスティヌスが『告白』を書き、哲学をキリスト教神学に組み入れる。

四一〇年……西ゴート族がローマを略奪する。

五二九年……皇帝ユスティニアヌスがアテナイのアカデメイアを閉鎖する。ギリシア・ローマ時代が終焉し、暗黒の時代がはじまる。

一三世紀中葉……トマス・アクィナスがアリストテレスの著作の注釈をものす。スコラ哲学が栄える。

一四五三年……ビザンティウムがトルコの前に陥落し、東ローマ帝国が滅亡する。

一四九二年……コロンブスがアメリカに到達する。フィレンツェでルネサンス文化が花開き、ギリシア文化への興味がわきあがる。

一五四三年……コペルニクスが『天球の回転について』を公刊し、数学的に地動説を証明する。

一六三三年……教会の圧力でガリレオが地動説を撤回する。

一六四一年……デカルトが『省察』を著し、近代哲学の幕が切って落とされる。

一六七七年……スピノザが世を去り、『エチカ』が公刊される。

一六八七年……ニュートンが『プリンキピア』を出版し、引力の概念を導きいれる。

一六八九年……ロックが『人間悟性論』を著し、経験論の礎《いしずえ》を築く。

一七一〇年……バークリーが『人知原理論』を発表して、経験論を一つの極論までおし進める。

一七一六年……ライプニッツが没する。

一七三九年－四〇年……ヒュームが『人性論』を世に問い、経験論の論理的な結論を導きだす。

一七八一年……カントがヒュームによって「独断のまどろみ」から覚まされ、『純粋理性批判』を刊行する。このことで、ドイツ観念論の時代がはじまる。

一八〇七年……ヘーゲルが『精神現象学』を公刊する。ドイツ観念論の絶頂期となる。

一八一八年……ショーペンハウアーが『意志と表象としての世界』を発刊し、ドイツ哲学にインド哲学の要素を組み入れる。

一八八九年……「神は死んだ」と宣言したあと、ニーチェがトリノで狂気に陥る。

一九二一年……ヴィトゲンシュタインが『論理哲学論考』を発表し、

「哲学的問題に最終的解決を与えた」と主張する。

一九二〇年代……ウィーン学団が論理実証主義を提案する。

一九二七年……ハイデガーが『存在と時間』を出版し、分析哲学の大陸哲学に目を向ける。

一九四三年……サルトルが『存在と無』を著し、ハイデガーの思想をおし進め、実存主義を煽動《せんどう》する。

一九五三年……死後二年して、ヴィトゲンシュタインの『哲学探究』が公刊される。言語分析が隆盛をきわめる。

訳者あとがき

「二〇世紀においてハイデガーほど、論争の的となった哲学者はいない」

ストラザーンの言うとおりだろう。ハイデガーへの評価は大きく分裂し、激しい論争となっている。

たしかに、哲学的な理論への解釈や評価がわかれるということはよくある。

ヘーゲルのように評価が大きくわかれる哲学者もいる。

しかし、ハイデガーの場合、評価のわかれ方がとてつもない。そのうえ、ハイデガーの思想への評価とハイデガーという人間への評価が複雑にからまり、にわかには信じがたい状況を呈している。

一方には、ハイデガーの哲学は人間の思考を根底から変えるものだという肯定的な評価がある。ソクラテスの登場以来、誤った道を進んだ西欧の哲学。それを本来の姿に引き戻すという。

だが、他方で、ハイデガーは精神病質者《サイコパス》のようだという否定的な評価もある。ハイデガーの哲学の方法は徹頭徹尾、神経症的《ノイローゼ》で、突きつめれば気難しさと心の不安定さから出てきたものだという。

ストラザーンはこのような極端な評価の一方に偏ることなく、ハイデガーの思想の功罪、ハイデガーという人間の複雑さをスリリングに描き出していく。

たとえば、ハイデガーはデカルトよりも深いところまで到達しているとストラザーンは評価する。だが、きわめて独特な哲学的な隠語《ジャーゴン》ですべてを語っていくハイデガーの方法には、疑念を抱く。ハイデガーが目指すところからすれば、新しい言語が必要なことはストラザーンも認めている。それでも、すべてを奇怪な隠語《ジャーゴン》で語っていくことには疑念を投げかけている。

また、ストラザーンは数多くの哲学者と同様、ハイデガーの親ナチス的なふるまいの数々に批判的な目を向けるものの、ハイデガーの「哲学そのもの」がナチズムの構想を含むわけではないことは認める。

さらには、ハイデガーの土着的なものへの愛については一定の理解を示しつつも、愛人ハンナ・アーレントへのふるまいには疑念も投げかけている。

こうしてストラザーンはさまざまな方向に目を配りながら、議論を進めていく。普通なら結びつけないような要素を結びつけることもある。きわめて示唆に富むものだといえる。ストラザーンの話を追っていけば、難解なハイデガーの思想を自分の考え、そして自分の生き方に引きつけることになるだろう。

二〇世紀の巨人ハイデガー――その人間性と思想をストラザーンの議論から学ぼうではないか。

二〇一四年一二月

浅見昇吾

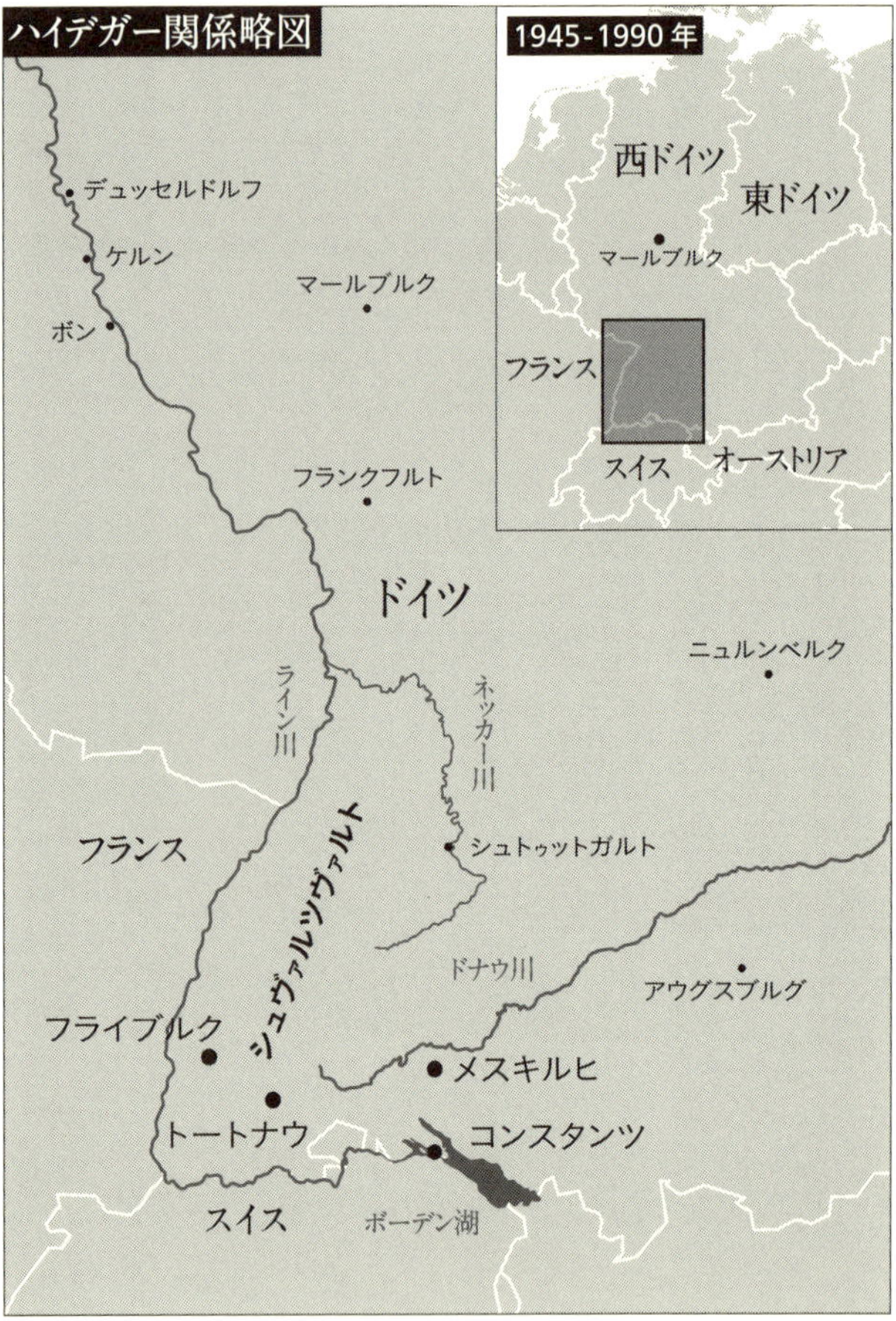
ハイデガー関係略図
1945-1990年
西ドイツ
東ドイツ
マールブルク
フランス
スイス
オーストリア
デュッセルドルフ
ケルン
ボン
マールブルク
フランクフルト
ドイツ
ニュルンベルク
ライン川
ネッカー川
フランス
シュヴァルツヴァルト
シュトゥットガルト
ドナウ川
アウグスブルグ
フライブルク
メスキルヒ
トートナウ
コンスタンツ
スイス
ボーデン湖

著者プロフィール

ポール・ストラザーン
Paul Strathern

ロンドンに生まれる。ダブリンのトリニティ・カレッジで
物理学・化学を学んだあと哲学に転向。
作家としてのキャリアも長く、小説、歴史書、旅行記など
数々の著作があり、サマーセット・モーム賞なども受賞している。
数学、哲学、イタリア現代詩とさまざまな分野にわたって、
大学で教鞭をとったこともある。
「90分でわかる哲学者」シリーズは
イギリスでベストセラーになり、多くの国で翻訳されている。
哲学者シリーズの他に
科学者や医学者を扱ったシリーズも刊行されている。

訳者プロフィール

浅見昇吾
Shogo Asami

慶應義塾大学文学研究科博士課程修了。
ベルリン・フンボルト大学留学を経て、
現在、上智大学外国語学部教授。外国人が取得できる
最高のドイツ語の資格・大ディプローム（GDS）を持つ数少ない一人。
『この星でいちばん美しい愛の物語』（花風社）、
『魔法の声』（小社刊）など訳書多数。

90分でわかる
ハイデガー

HEIDEGGER in 90 minutes
by Paul Strathern

2015年4月10日 第1版第1刷発行

著者 — ポール・ストラザーン

訳者 — 浅見昇吾

発行者 — 玉越直人

発行所 — WAVE出版
〒102-0074 東京都千代田区九段南4-7-15
TEL 03-3261-3713 | FAX 03-3261-3823
振替 00100-7-366376
E-mail: info@wave-publishers.co.jp
http://www.wave-publishers.co.jp

印刷・製本—中央精版印刷

ISBN978-4-87290-741-4 NDC102 135p 19cm

WAVE出版
生き方・哲学

イギリスでベストセラー！
「90分でわかる」哲学シリーズ

ポール・ストラザーン著／
上智大学外国語学部教授　浅見昇吾訳
四六変・ハードカバー　定価（本体1000円＋税）

90分でわかる
アリストテレス

至高の天才＋健全な判断力＝アリストテレス！数千年間、知の世界に君臨した「万学の祖」。科学と哲学の基礎が、ここにある！

ISBN978-4-87290-691-2

90分でわかる
サルトル

世界を作っているのは、君だ。自由と責任の意味を、この本で学ぼう。自由を重んじ、権威にあらがう。大戦後の思想界を席捲した実存主義とは？

ISBN978-4-87290-693-6

90分でわかる
カント

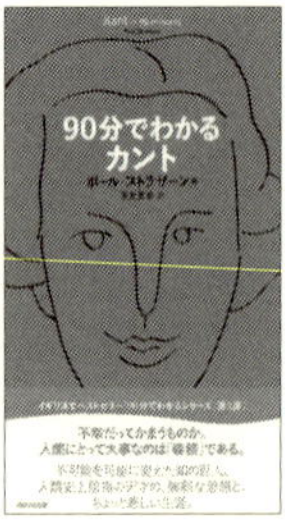

不幸だってかまうものか。人間にとって大事なのは「義務」である。不可能を可能に変えた知の巨人。人類史上屈指の天才の、強靱な思想と、ちょっと悲しい生涯。

ISBN978-4-87290-732-2